윤옥란 시집

어떤 날은 말이 떠났다

상상인 시인선 *056*

•본문 페이지에서 한 연이 첫 번째 행에서 시작될 때에는 〈 표기를 합니다.
•저자의 의도에 따라 작품의 보조 동사와 합성 명사는 띄어쓰기가 달라질 수 있습니다.

윤옥란 시집

어떤 날은
말이
떠났다

시인의 말

사랑한다는 말을 쓰고 싶을 때
그 말의 무게에 짓눌려
줄임표로 생략된 그냥

부탁의 말을 하고 싶을 때에도
차마 속내를 다 드러내지 못하고
우물쭈물하다 말끝에 붙인 그냥

가끔씩 내 안에서 봄의 새싹처럼 돋아
파릇파릇 위신을 세워주거나 뿌리를 넓혀 가는 말
그냥…

나이팅게일 선서문을 생각하게 되는
요양병원 중환자실과
요양원에서의 숱한 신음들
쓰러진 침상의 이름들

 산소마스크를 낀 절박한 분들, 종일 여기저기서 울려대는 모니터 알람 소리
 요양원으로 출근하는 나는
 '그냥'이 그렁그렁 가래 끓는 소리 같아서
 어떤 날은 말을 잃어버리기도 했다

그분들에게 한 권의 몸의 말을 드린다

2024년 7월
윤옥란

차례

1부 달아난 꿈의 지느러미

양말	18
눈글씨	20
꼬리를 둥글게 말아 드는 달집	22
180분	24
클락새	26
구두의 口頭	28
그냥, 그냥	30
그믐달의 귀로歸路	32
기억은 날마다 엄마를 불러	34
꽃피는 돌	36
노블케어스에 걸린 초상화	38
눈물의 격	40
낙화의 시간	42

2부 젖은 생의 무늬

너울너울 건너는 바다	46
눈사람	48
릴레이 선수	50
지지 않는 별의 이름으로	52
木魚	54
식지 않는 이름	56
물고기 어머니	58
미술 시간	60
밤벌레	62
북어	64
날개는 뒤돌아보지 않는다	66
도란도란한 밤	68
사슴발 여자	70
상처의 집	72

3부 저 얇고 단단한 흰빛

새들의 부리를 축이는 11월의 장미	76
그래, 그래	78
쇠비름	80
다정의 이별	82
스무하루 동안	84
흰빛	86
알 수 없는 손	88
오월을 지나는 바람	90
오후 5시와 새벽 다섯 시	92
눈꺼풀 일지	94
나비 운구運柩	96
이름 하나 목에 걸고	98
이팝나무 밥상	100

4부 숨 몰아쉬며 다가오는 착란

저무는 것마다 팽팽하다   104
보라로 물든 숨   106
봄의 음계   108
위로가 기울어져 있다   110
침략자들   112
통곡의 미루나무   114
7일 동안   116
휘파람새   118
황소개구리의 애가   120
하루치의 그늘   122
그가 머문 곳이 아직 따뜻하다   124
푸른 숲을 이동하는 꿈   126
무릎걸음으로 맞는 유월   128
너의 이름은 향기로운 꽃이 되고   130

해설 _ 당신 집에는 아픈 사람이 많군요   133
    —시屍의 집에서 시詩의 집으로
여성민(시인)

1부

달아난 꿈의 지느러미

양말

퉁퉁 부은 발목이 눌려 있다
시퍼런 혈관이 우툴두툴 붉다

산과 들판으로 쫓아다니던 양과
직장을 이리저리 따라다니던 말이
내 발목을 힘껏 물었던 자국이다

오래 걸어 점점 헐렁해지는 발목
무는 힘이 약해지면 흘러내리는 것은
할 일을 다 했다는 것

내 주변을 뛰어다니거나 뒤쫓아오는 수많은 양과 말

평온한 분위기를 내리밟는 힘센 목소리와
혀끝 오그라드는 여자들의 꼬리 잘린 말투가
발목의 힘을 빠지게 하지만,

묻지 않는다
서로가 함묵을 유지한다
〈

도심의 건물 속에서는 항상 발목이 아프다
꽉 물고 놓지 않는 양말은 늘 한 몸이다

눈글씨

ㄱㄴㄷㄹ
그녀는 루게릭병으로 말을 잃어버렸다

말이 맞으면 한쪽 눈을 깜빡이고
틀리면 닭똥 같은 눈물을 주르륵 흘린다

그가 받아쓰기를 시작한 지 7년
耳順의 너울이 창가에 펄럭인다

바로 코앞에서 기다리고 있던 꿈길 대신
그녀의 눈동자를 바라보면서
자음 모음 찾아 꽃으로 만든다

향기로운 꽃가루 묻혀 병실을 떠다니는 낱말들
주홍빛 부전나비 같다

오늘도 졸린 눈 비벼가며
무색무취 눈빛을 쪽지에 옮겨 적는다

기역. 니은. 디귿. 리을…

눅눅한 습기를 빨아들인 구겨진 종이 위로 무지개가 뜬다

병실은 언제나 푸르른 온실이며 꽃방이다
한 폭 초록의 봄으로 짙게 물드는 앵무새 한 쌍

꼬리를 둥글게 말아 드는 달집

고양이 한 마리가
먹다 버린 생선 뼈와 내장들이 들어 있는
음식물 봉투를 향해 걸어가고 있다

저 눈빛 속에는 사막을 본적으로 두었던 행성이 있다
기억도 없는 혈통에 이끌리어 몇 대쯤 내려왔을까
 때로는 바다를 보면서 별이 빛나는 밤하늘을 동경했
을 것이다

짭조름하게 간이 밴 고등어의 지느러미 속에는
파도를 가르고 건너온 노르웨이 물결 냄새와
 고원을 넘나드는 바람의 말과 망망대해의 하늘빛도
배어 있다

낮에는 삭힌 홍어 냄새에 코를 벌름대더니
본 적 없는 남쪽 바다의 지형과 물의 수온까지도
분홍의 혀끝으로 읽는다

마침 바다를 한 번도 보지 못했다는 젊은 사내가
이 골목 저 골목길을 돌아다니며

명란젓 어리굴젓 바다의 냄새를 목청껏 외쳐댈 때

자신의 꼬리를 어둠 속으로 둥글게 밀어 넣고
꿈을 따라서 훌쩍,
달의 꽁무니를 따라나서는 길고양이 한 마리

180분

앉았다 일어섰다 주먹을 쥐었다 폈다
이내 다시 숨이 가빠진다

대기실 화면에 고정된 눈동자들
수술실 문이 열릴 때마다
사시나무처럼 떨던 시선이 먼저 달려간다

일 분이 백 년처럼 더디다

늙은 사자처럼 누워 있는 저 사람
먹이를 사냥하다
물리고 찢긴 몸의 상처를 꿰맨 핏자국이 보인다

수십 년 한 이불을 덮고 살아온 그가 낯설다
그때 하얀 시트에 덮여
북망으로 가는 나그네가 스친다

이쪽과 저쪽 사이에서 발을 헛디딘 사람
왈칵, 미움마저 연민으로 고이는
숨막히는 180분

〈
캄캄한 먼 천변의 하늘가
저승으로 가는 건널목에서
나는 잠시 멈췄다

클락새

새벽 두 시, 클락클락
어둠 속에서 울어대는 새 한 마리
사방의 고요가 흩어진다

그녀가 계절을 모로 깔고 누운 지 몇 해
날개는 점점 하늘을 잊어버리기 시작했다
비의 냄새도 기억하지 못했다

그때부터 말이 아닌
창공이 팽팽해지는 소리를 만들어 냈다
소리의 끝자락에서 요동치고 있는 것들은 무엇일까

혹 어느 한때 망부석처럼 홀로 돌아앉아
관절이 저리도록 씹어 삼킨 그리움의 쓴 뿌리였을까

명치끝을 타고 들어간
세상의 빛을 차단한 암굴
어둠에 깔린 이야기들이 꽁꽁 묶여 있다

달도 별도 뜨지 않은 나래 1호실

오늘 밤 날개는
마술에 걸린 듯이 고삐를 풀고 클락클락

恨이 진화된 소리의 어원
침상의 입마다 달싹인다
닫힌 귀가 쫑긋하다

구두의 口頭

구두는 말을 먹고 산다

내가 태어나기 이전부터
구두와 口頭는 동음이의어

발과 입의 거리는 멀지만 귀는 하나로 듣는다

구두가 닿는 곳에
갖가지 口頭들이 기다리고 있는 출근 시간

말의 모양을 척척 받아내는 구두는
눈치가 빨라 승진이 빠르다

치수로 발의 크기를 알 수 있는 口頭
때론 아무 저항도 못하는 송아지의 눈을 지닌 口頭

어떤 사람은 유행 속으로 걸어가는 새 口頭를 신고
말의 고삐를 당기고 있다
구두처럼 닳아 없어질 시간이 점점 다가오는데
〈

날마다 반짝이는 구두를 신고
한 입술에서 다른 말을 하는 사람들이
잿빛 가슴으로 걸어가고 있다

그냥, 그냥

안부가 꽃송이처럼 부풀어 오를 때
상대에게 묻지 않고
전화나 문자를 보낼 때가 있다

무슨 말이라도 하고 싶어
벚꽃이 눈송이처럼 내린다고
이 꽃을 보면 배가 고파진다고

오지 않는 답을 생각하며

사랑한다는 말을 쓰고 싶을 때
그 말의 무게에 짓눌려
줄임표로 생략된 그냥, 그냥

부탁의 말을 하고 싶을 때에도
차마 속내를 다 드러내지 못하고
우물쭈물하다 말끝에 붙인 그냥, 그냥

입속에서 빙글빙글 돌다 두루뭉술하게 넘어가는 말
힘들어도 다시 살아야겠다는 신념이 만들어 낸 말

〈
가끔씩 내 안에서 봄의 새싹처럼 돋아
파릇파릇 위신을 세워주거나 뿌리를 넓혀 가는 말

들꽃처럼 맑은 사람이 되라는
세상에서 가장 순한 말
그냥, 그냥

그믐달의 귀로歸路

달이 검다
검은 천을 두르고 천도재를 올리는 것일까

지구의 푸른 물 위를 비추다
모래바람 속으로 이동하는 동안
한 주먹도 안 되는 바닥에서 쏟아내는 아비규환

달은 그때마다 낯빛이 어두웠다
바늘 끝으로 전신을 쑤시는 듯한 통증으로 시달린 밤
자작나무 흰빛에 숨을 돌렸다

지구의 핏빛으로 물든 달의 심장
바다의 눈물로 점철된
검은빛이었다

슬며시 지나가는 별들의 말이 들려왔다
달은 지구의 분신이라고

달의 반쪽이 사라졌다
재가 된 목숨을 부둥켜안고

집으로 돌아가는 그믐달은 더욱 검다

잠들 수 없는 달의 귀
나는 그 빛의 후광으로 눈을 뜬다
까맣게 타들어가는 달의 심지가 붉다

기억은 날마다 엄마를 불러

한밤중 엄마 엄마 부르는 소리에 천 리 밖으로 달아나는 고요
기저귀를 찬 98세 큰 아기
난청을 앓는 귀는 엄마 목소리만 기억한다

유년의 생각들이 침상을 뒤흔들고
기억 속에서 들리는 엄마의 다정한 목소리에 오줌 지린내도 모른다

본 적도 없고 알지도 못하는
큰아기의 추억을 따라다니며 웃어준다

소리를 잊은 혀는 뻣뻣해도
엄마라고 부르는 혀는 젤리처럼 부드럽다
아련한 기억은 매일 밤 또 다른 노래를 불러온다

기억 어딘가로 달려가서 꿈의 다이얼을 돌리는 큰아기
문밖의 소리들에게 주파수를 맞추고 있다

혈압이 오르고 맥박이 빨라졌다가 제자리로 돌아오는

새벽
　엄마의 기억을 달빛 속에 묻으며 게슴츠레한 눈을 붙이는 큰아기

꽃피는 돌

남해 바닷가에서 만난 여자
동글동글한 돌멩이만 보면 그림을 그린다

젖은 돌멩이를 옷에 쓱쓱 닦은 후
꽃 그림을 그려 철썩이는 파도에게 던진다

달빛이 차고 기우는 밤에도
계절이 다 지나간 꽃송이가 만발한 바다

얼마나 많은 돌에 그림을 그렸는지
이틀 만에 12가지의 크레파스가 다 닳았다

꽃잎과 이파리는 떨어질 수 없는 사이
그녀의 꽃 그림은 익사한 남자의 이름에 향기를 피우는 일

다하지 못한 숨결을 불어 넣는 일
이십 년이 지났는데도 여전하다

바닷속의 꽃이 되어

그의 뼈에 닿고 싶어 하는 여자

비릿한 바다가 온통 꽃밭이다
한 마리 바닷새가 저물도록 여자의 손끝을 놓지 않는다

도미 한 마리도
꽃송이 하나를 물고 헤엄쳐 들어간다

노블케어스*에 걸린 초상화

옷이란 옷은 모두 그림자의 옷이 되었다
한번 입으면 벗을 줄 모르는
달빛 어리는 침상의 의상들,

한때 그녀는 재봉틀 하나만 있으면
맘대로 늘이고 줄이는 일을 했다
하지만 손과 발은 그림자일 뿐
한 땀이라도 늘릴 수 없고 줄일 수도 없다

그녀는 지금 색색으로 물들다 사라지는
구름 모자를 쓰고
침상에 늘어진 그늘이 되어 희미하게 지워지고 있다

함께 잠자고 일했던 실과 바늘은 어디로 갔을까
그녀와 뗄 수 없는 한 몸이었다
놀라 달아난 꿈의 지느러미를 꿰매고 있을까

흩어진 이야기를 물고 다니는 하늘다람쥐와
새털구름 위에 걸쳐 놓은 기억만이
앞마당 빨랫줄에 앉았다 날아가는 오후

〈
고단한 날개들이 쉬었다 가는
노블케어스에 걸린 초상화들
대낮에도 허공이 눅눅하게 젖어든다

* 요양원 명칭.

눈물의 격

요양원에서 제비처럼 받아먹던 입
한 달 동안 아무것도 먹지 못하고 입을 닫았다

하얀 시트에 덮인 할머니를 보고
소나기 퍼붓듯 대성통곡하는 손자 손녀들의 울음소리

능선과 계곡을 굽이굽이 적시는 물줄기 같은
큰며느리의 떡국 떡떡국 떡국 한 맺힌 울음소리

백 미터 뛴 듯 달려와
숨 가쁘게 울어대는 시집간 딸들의 울음소리

코를 풀다가도 전화를 받다가도
다시 우는 아들의 울음소리

슬픈 악곡처럼
울음소리로 끊어졌다가 이어지는 병실

침대마다 반쯤 귀가 열려 있다
팔순 노인이 자신의 죽음을 밀어내며 곡소리를 낸다

〈
흘러내린 눈물이
귓불을 적시고 베갯잇을 적신다

소리를 담아두던 한 쪽 귀를 베개맡에 내려놓고
국화꽃 만발한 꽃길을 따라가는 말순 할머니

저, 큰 검은 눈동자
빛과 소리를 다 담아긴다

낙화의 시간

밤새 지친 꽃잎은 색을 잃었다
우물우물 입술을 내미는 소리가 시들해졌다
침대는 내일을 꿈꾸지 않는다
싱싱한 목소리가 들어있는 기억마저 하나둘 빠져나갔다

뒤틀린 가지들
심장이 뛸 때마다 흩어질 이름에게
생의 의지를 불어넣는 고요한 밤
가냘픈 숨소리를 먹고 적막은 살이 찐다

아무도 붙잡을 수 없는 시간
팽팽한 공기는 압축된 시곗바늘을 물고 있다
봄이 와도 움트지 않는 침상의 고목
해마다 축축한 어둠만 늘어난다

햇볕이 짧아지는 창가의 시간을 들여다본다
차가워지는 허공의 입김
한번 문밖으로 나가면 다시는 올 수 없는
넓고도 환한 빛의 세계,
침상의 숨소리가 내 손을 잡고 놓지 않는다

〈
싸늘해진 뽀얀 이마와 얼굴이
낭떠러지로 사라지기 직전
나는 그의 이름을 수십 번 불렀다
끝내 꽃잎은 지고 말았다
낙화의 시간은 길고도 짧았다

2부

젖은 생의 무늬

너울너울 건너는 바다

바다가 줄고 있다
출렁이는 파도의 세기는 높지 않다

그녀가 쭙쭙대며 거즈의 물기를 빨아먹을 때
하루에 한 눈금씩 그녀의 몸에서 바닷물이 새고 있다

파도의 깊이는 잴 수 없어도
그녀의 입을 적신 거즈를 보면
생의 파도가 어디쯤 밀려오는지 알 수 있다

기저귀를 찬 팔십 넘은 여자,
물질로 인하여 온몸의 마비증세도 있다

밤이면 그녀의 몸밖으로 빠져나간 바다는
소변 통으로 붉게 흘러나와 고여 있다

달빛 무게에 짓눌려 있는 그녀
푸우푸우 숨소리가 거칠어진다

해삼 멍게 조가비의 생을 건져 올리면서 바다를 배우고

수십 년 육지와 바다를 오가며 잔뼈가 굵어졌다

산소호흡기에서 떨어지는 물방울 수위를 바라보던
중년의 딸이 눈물을 쏟는다

이승과 저승을 오가며
쉼 없는 파도의 너울을 베고 잠든 그녀
푸른 물결을 헤엄쳐가는 호흡이 점점 짧아진다

눈사람

소복소복 눈이 쌓인다
눈사람은 털모자와 빨간 목도리까지 두르고
검은 마스크를 썼다

박사 학위를 받은 사람이
3년째 눈사람처럼 누워 있다
먼 하늘에 고정된 눈동자는 미동도 없다

햇빛이 눈사람의 부피를 잴 때
나는 침상의 무게를 재고 있다

아귀의 입속으로 꿀꺽 삼켜지거나
어둠에 눌려
잘근잘근 잘려 나가는 시간의 고통을 기록하고 있다

나이가 더 이상 필요 없는
침상의 흰 이마들

무뎌진 두려움보다 녹아내리는 기억이 서러워
속으로 운다

소리 없는 눈물이 병실을 흥건하게 적신다

백 년을 하루 앞두고
문밖으로 날아간 흰나비 한 마리

죽음의 냄새를 맡아본 사람만이 가는 하늘길
구름나무에서 눈꽃이 내리고 있다

릴레이 선수

소주병에 100원이라는 표시는
편의점이나 슈퍼에다 빈 병을 갖다주면
백 원을 준다는 약속이다

늙은 엄마는 빈 병이며
헌 옷 폐지 알루미늄 캔들을 모아
독거노인 어르신을 돕고 있다

봉투를 뒤질 때마다 체면이 구겨지고
발로 꾹꾹 밟아 버린 캔처럼 작아지는 것 같지만

릴레이의 목적은 기쁨을 선물하는 것

커피 한 잔 값이 나오려면
골목길을 수없이 돌아야 했다

바닷속의 물길처럼 골목의 수심 깊이가 깊어
일주일 동안 돌아도 그 돈이 채워지지 않을 때도 있다

눈에 보이는 것과

보이지 않는 것의 차이는

밥공기에 소복하게 담긴 밥알 같은 것
지붕 위 햇볕과 공기처럼 셀 수 없는 것

오늘은 종일 비가 내린다
숨은 이야기들이 처마 밑에서 귀를 바짝 세우고 있다

지지 않는 별의 이름으로

사금파리에서 신음 소리가 난다
밤새 얼마나 몸부림을 쳤는지
새벽 어스름 속 땀으로 젖어있다

육이오 때 한쪽 다리 잃은 할아버지
수십 년이 지났어도
밤이면 갈래갈래 끊어지는 듯한 통증으로 끙끙 앓았다

오늘 같은 날이면 아마도
오른쪽으로 둘둘 말리며 지는 무궁화 꽃잎을 보면서
눈빛이 총총한 젊은 사내들을 떠올렸을 것이다

얼굴 한 번 본 적 없는
새파란 이마들을 가마니에 둘둘 말아 구덩이에 묻었다는데
밤마다 뒤척이던 불면의 시간들 얼마나 견디기 힘들었을까

그리곤 아무도 모르게 살강 위에 씻어서 엎어놓은
사기그릇을 가슴에 새긴 채

기억 속으로 달려가 총알받이가 된 할아버지

외발로 걷다 한번 뛰어보지도 못하고
할아버지는 꽃잎처럼 젖은 눈빛으로 툭,

쏟아지는 빗발 속에서
그대로 온몸이 오므라들었다

민지면 손이 베일 섯 같은 사금파리 모서리마다
별의 이름들로 피어난 무궁화 꽃잎

木魚

어둠을 흔들어대던
사내의 기침 소리에 새벽이 밝았다
잠을 이루지 못한
툭 튀어나온 물고기 눈을 닮은 사내

어떤 날은 말을 잃어버리기도 했다
그때마다 강물 속으로 뛰어들어
온몸을 적시고 온 것처럼
부들부들 떨면서 양쪽 지느러미의 물기를 털어냈다

오늘은 내게 숨을 가쁘게 몰아쉬면서
눈을 감고 있어도 물속이 환하다고 했다
붉은 아가미 속에 감춰진 노독路毒,
얼굴에 핀 열꽃이 강바닥에 잠잠하게 가라앉았다

한 구석에 웅크리고 있던 고요가 등을 떠밀었을까
소년의 얼굴처럼 말개진 사내
열꽃이 사라지고 기침 소리가 그친 후
숨도 멎었다
〈

그제야 신발 한 켤레 없이 구름 발자국 뒤따라가는
사내
해탈의 문 빠져나간다
생의 마지막 순간까지
아무도 그가 맨발이었다는 걸 알지 못했다

뼈만 남은 목어처럼
희미한 낮달이 사내를 품었다
섲은 생의 부늬가 꾸덕꾸덕 마르고 있다

허공에 걸린 가시가
내 혀를 찌른다
입속이 따갑고 목청이 부었다

식지 않는 이름

달력을 보니 벌써 토요일이다
숲속은 그사이 연녹색으로 짙어지고
풍경도 순간마다 달라지고 있다

그동안 내가 한 일은 무엇일까
요양원의 어르신들과 즐거웠던 화요일
꽃 터널 속으로 돌아가신 이름 때문에
우울해진 수요일과 목요일

단 하루도 같은 날이 없다
자고 나면 어제의 따스한 말과 온기는
어디론가 날아가거나 나뭇잎 속으로 스며들었다

어제의 냄새도 없고
그림자도 없는 오늘

침상의 주름진 꽃들만을 생각해야지
표정을 살피고 눈빛을 읽어내는 시간
오줌과 땀으로 흘러나오는 기저귀의 색깔은
미세먼지처럼 뿌옇거나 갈빛이다

〈
새들은 가지 끝에서 날갯짓의 행로를 정하는데
수년 동안 요양원 침상에서
뒤척이는 이름들
무채색의 목숨을 되새김질한다

꽃의 향기는 바람이 알 수 있지만
눈 속으로 흘러 들어간 생명의 시간은
오늘일까 내일이 될까

입속의 혀는 여전히 붉다

물고기 어머니

청평사 대웅전 물고기는 뼈만 남았다
독경 소리 들이마신 볼록한 뱃속엔 낮달 하얗게 차오른다

해탈의 문 빠져나간 발자국들,
젖은 생의 무늬 말리는 지느러미 입이 헐었다

5일 장날이면
어머니는 입술 부르트고 발이 퉁퉁 부어도
가마솥에 옥수숫가루를 펄펄 끓이셨다

새벽잠 반납한 묵 틀 속에서 올랑거리며 쏟아져 나온
올챙이묵', 짓누르던 팔뚝이
툭툭 불거졌다

묵을 내다 팔면
올챙이 같은 자식들 꼬리가 생기고 다리도 생겼다
우리는 더 높이 뛰기 위해 제자리에서 바짝 웅크렸다

날이 밝기를 기다리면서

평생 속 다 비우고 사신 어머니,

별빛 붙잡고 여주 횡성 오가는 동안
붉은 아가미 속에 감춰진 노독路毒,
허공에 걸린 가시가 내 서늘한 혀를 자꾸 찌른다

* 옥수수 전분으로 만든 올챙이 닮은 묵, 강원도 영서지방의 토속음식.

미술 시간

미술 시간이다
97세 할머니가 그림 그리다 말고
파랑색 크레용을 입에 물었다

막대사탕으로 보였을까
아니면 파랑색을 먹고
하늘 멀리 날아가고 싶다는 꿈의 다짐일까

입속의 것을 빼내려고 해도
잇몸으로 꽉 물고 놓지 않는다

하루 세 끼 죽만 먹고
어디서 그런 힘이 나올 수 있을까
노려보는 눈빛이 허공을 뚫고 있다

그 틈 사이로 들려오는 아리가또
간간이 햇빛을 보아도 아리가또, 아리가또

줄어드는 가족들 면회 횟수에도 아랑곳없이 아리가또
침상 위로 차디찬 비바람이 바뀌어도 아리가또

〈
말 대신 내일을 꽉 물고 있는
29.8kg 야수다상 할머니

하루에도 몇 번씩 아리가또
고요만이 뽀얗게 살이 올랐다

파랑새 한 마리 날갯짓에
한나절이 온봉 파랗게 물들었다

밤벌레

204호실 사내는 잘 웃었다
탐스러운 알밤 한 줌을 줬는데
그중 한 알이 벌레 먹은 게 있었나 보다

구멍 난 밤을 보더니만
자신의 몸 어딘가 밤벌레 같은 게 살고 있어서
가끔 머릿속에서 쐐애쐐 하는 소리가 들릴 때는
정신이 혼미해지거나 기억이 가물거린다고 한다

폭풍이 몰려와도 끄떡없던 밤나무 같던 사내
머릿속인가 뼛속인가 벌레의 거처를 알 순 없지만
깊은 나무속에 벌레가 터를 잡고 산 지 10년이 지났다

요즘 자주 머리가 띵하고
물체가 두 개로 보인다는 사내
하룻밤 사이 어둠의 살을 잔뜩 갉아먹은
밤벌레에게 자리를 양보한 것일까

묵직한 밤나무가 쓰러지는 소리를 아무도 듣지 못했다
사내는 바닥에 납작 엎드린 벌레 먹은 밤알처럼

아주 눈을 감아버렸다

고추장에 마늘을 찍어 먹으며
며칠 있으면 칠순이라고 아이처럼 좋아했던 사내

통통 살이 오른 밤벌레처럼
더 크고 넓은 세상으로 가고 싶었는지 모른다
그는 몸 한쪽 모퉁이에서 살던 밤벌레와
남은 생을 맞바꾸었다

북어

요양병원에 입원한 은빛 지느러미
그녀는 매일 바다에서 잡아 온 생선을 손질한다
시퍼런 바다의 가시를 금세 발라내
살코기만을 내 입에 넣어 준다

"손 내밀어봐 여기 북어 있어"
물기 없는 푸른 허공은 도마가 된다

그녀는 종일 침상에서 헛손질을 한다
잘라낸 생선은 흰머리 성성한 큰아들을 먹이고 옆 사람도 먹인다
평생 그 흔한 동동구루무와 분 한번 발라보지 못하고
비린내 풍기는 소쿠리를 끼고 살았던 지느러미,

바다 끄트머리에 걸린 노을을 입에 문 채 쓰러진 그녀는
더 이상 일어나지 못했다
죽어서도 입을 다물지 못하는 북어처럼
치매가 오기 전까지 그녀는 육지와 바다를 오갔다

북어는 마를수록 등이 휘지 않는다

얼었다가 다시 녹으면서 말라가는 북어를 볼 때마다
그녀는 아마도 청산의 서러움을 바닷바람에 말렸을 것이다

허리 한번 펼 수 없어도
두고 온 노가리들 배불리 먹일 수 있도록
비린내가 가시기 전 바다에서 육지로 더 빠르게 움직였다

제 몸을 다 써버린 뒤에도
오직 자식들 입으로 먹이를 넣어주는 어미 북어
앞이 안 보이고 등이 휘었다는 걸 모른다

속을 다 비워낸 북어처럼
어눌해진 말은 입속에서 맴돌다 자꾸만 끊어진다
그녀의 혀가 자꾸만 말려들어 간다

날개는 뒤돌아보지 않는다

매미 허물이 상수리나무 허리를 움켜잡고 있다
속이 텅 빈 껍질은 한때 어둠에서 지냈던 몸이다

땅속에서 꿈틀거리며 말랑거리던 투명한 빈 몸,
수직 금 긋고 등가죽 찢고 나왔다

말랑거리던 몸이 햇빛에 닿을 때 얼마나 따가웠을까
 적들의 신호를 알려주는 은빛 날개의 보호막은 점점
두꺼워진다

 비바람 몰아쳐도 떨어지거나 부서지지 않는 천상의
소리 듣는다
 상수리나무 빈집에서,

 지금 나는 바람도 햇빛도 들지 않는 눅눅한 지하 골
방에서
 가시 같은 눈초리와 습한 외로움을 등에 업고 있다

 낮에 두고 온 무거운 짐들은 잠시 무게를 떠났다가
 귀가 열리는 순간 다시 생의 관절을 앓는다

〈
 소리를 떠난 적 없는 귀는 듣는다
 영영 아물지 않는 산고의 가로줄 무늬 빈집을 내려다보며
 종일 여름을 등에 업고 반짝이는 소리를,

 환상이 숨 쉬는 집
 제 살의 온기를 묻고 나오던 집
 그 집을 지나칠 때마다 내 온몸의 뼈가 뜨끔하다

 어둠을 털고 나온 날개는 뒤돌아보지 않는다
 매미의 미라는 시의 표본,
 내 삶의 도감이다

도란도란한 밤

새벽 1시
귓가에 내려앉는 소리가 있다

건들바람의 노래일까
아무도 곁을 주지 않는 허공의 독백일까

주술에 걸린 것처럼
눈썹을 치켜세우는 소리

한 곳에 고정된 움직임 없던
꼭 다문 입들이 낮과 밤의 경계를 허물고 있다

어둠 속 적막을 비집고
말꼬리를 빙빙 돌리면서 입술을 열게 하는 이는 누굴까

장례식장의 관처럼
퍼포먼스 배우가 혼자서 뛰놀다 간 무대처럼

팔다리가 묶인 채 도란도란 얘기를 하기도 하고
때론 고함을 지르다가 노래를 부르기도 한다

〈
달빛의 밀도가 퇴적층처럼 쌓인
침상의 그늘들,

소리를 가슴에 품고 사는 눈동자
밤이면 야행성 동물의 눈빛과 발톱처럼 휜 관절이 가
볍다

새벽을 붉게 발화시킨 밀의 샛가루
허공의 입을 가득 메운다

사슴발 여자

한때 1급 미싱사였다
손과 발은 미싱과 한 몸이 되어
어떤 천이든 나의 손을 거치면 날개가 되었다

졸음이 묻어 있는 수천 벌의 옷들은
세상 밖으로 날아가 만날 수 없었다

잠을 삼켜버린 숱한 밤들

거칠게 저항하는
다리의 혈관들이 우툴두툴 굵어졌다
나무토막처럼 단단해진 하루가 저물 때
좀 쉬어 달라는 다리의 애원을 들었다

그때 나는 사슴의 발을 생각했다
사슴은 초원만 걷지 않았다
염분을 얻기 위해 가파른 언덕을 오르거나
절벽 사이로 걷다가 굴러떨어지기도 하였다

생존은 절대적인 것이어서

미싱이 삐걱대는 소리로 투정을 하면
기름칠로 달래주었다

미싱이 고장 나는 날은 쉬는 날이었다

하지정맥류 수술 직전
가파른 언덕과 바위틈을 오가는
사슴의 발을 닮은 여자가 벼랑을 오르고 있었다

상처의 집

늙은 여자라고 생각하면 큰일 난다
내 팔목을 휘어잡고 꼬집을 때
혼자의 힘으로는 여자의 힘을 떼어내지 못한다

매일 같이 남자들을 이기겠다는 치매를 앓는
여자의 다짐을 보았다
나는 어둠 속에서 그녀와 힘겨루기를 한다

그녀에게만 들리는 사내들의 웃음소리와 모래들
폭력을 가슴에 가지런히 세워 두었던가
밤이 지나가도록 지켜보고 있다
모든 저주에도 물러설 수 없는 그녀
밤이 깊을수록 목소리는 점점 커질 뿐이다

새벽에서야 힘이 빠질 때
병실의 이름들도 깊은 잠에 빠져든다
바깥에 웅성대던 사내들이 달아난 것일까
맥이 없어 보인다

그네를 타고 있는지 가물가물 흔들리는 잠결

눈가에 잠이 몰려 있다
모두가 지쳐 있을 때 어둠 속 달빛만이 평온하다

그녀는 상처에 갇혀 살고 있다

3부

저 얇고 단단한 흰빛

새들의 부리를 축이는 11월의 장미

그녀는 거울 보기를 싫어한다

얼어붙은 장미가 푸른 하늘을 받치고 있는 것처럼
아침이면 그녀의 얼굴이 밤새 얼었다 녹았다 푸르딩딩해졌다
입가의 주름이 햇볕으로 채워지고 눈가의 주름살은 지워졌다

나이를 먹는 것은 기억 속에서 한 잎씩 피어나는 아침의 정원
한때는 눈에 보이지 않는 물줄기를 붙잡고
저수지 옆 가시철망에 뒤덮인 꽃이라도 좋았다

시계와 온도계의 숫자와
어제의 바람과 햇볕을 은빛 침상에 꽂아 둔 지 십년째

지금 그녀는 코끝을 간질이던 후각은 살아 있다고 믿는다
비바람에 떨어진 꽃잎이

자신의 생을 빛나게 해 주었던 하늘이라고 말했던 별빛처럼

먹구름 속에서도 탐스러운 첫 꽃잎의 벙그러짐
뒤틀린 제 몸속의 줄기에서 흘러내린 물방울로
새들의 부리를 축이는 11월의 장미

그래, 그래

그래, 그래는
내 생각보다는
주변 분위기를 따라가는 말
당신을 거드는 말이다

그래, 그래
고개를 끄덕이며 같은 편이 되어
함께 가자는 말

귀찮거나
이도 저도 상관없다거나
건성으로 대답할 때도
그래, 그래

어느 쪽이든
그래그래
그럴 수 있지
당신을 믿어준다는 말

이것도 좋고 저것도 좋은

나와 당신 사이에서
양념처럼 빠지면 안 되는 말
그래, 그래

쇠비름

앞마당에 터를 잡은 쇠비름
오가는 발에 밟혀 꺾인 허리가 다시 일어섰다

어느 해 여름
손수레에 올챙이묵을 싣고 가던 어머니
트럭이 치고 갔다

숟가락이며 그릇들은 논바닥에 나가떨어졌고
어머니는 중환자실로 이송되었다

트럭의 육중한 바퀴에
살과 뼈와 내장은 밖으로 튀어나왔다
산소마스크를 낀 어머니
피 묻은 손바닥에 짓뭉개진 쇠비름을 꼭 쥐고 있었다

살아야겠다는 중심만은 끝까지 흔들리지 않았던 것일까

언제 어디서든지 살아야 한다는
힘들어도 참고 살고 봐야 한다는
〈

어머니의 말씀대로
쇠비름이 누렇게 물들기 전 다시 일어나셨다

바닥이 쩍쩍 갈라지는 땡볕 더위에도
고개를 높이 쳐들고 노란 꽃을 피우는

뜰 앞 쇠비름
잠언처럼 읽힌다

다정의 이별

눈이 내렸다 그쳤다 하는 퇴근길
할아버지는 할머니의 손을 꼭 잡고
요양원 근처를 기웃기웃 아이처럼 달래주고 계셨다

무슨 일인지 여쭈어보았다
집사람이 설 지나 여기에 오려고 하는데 목욕하는 걸 싫어해요
이곳에 들어가면 집에 간다고 소리 지를 텐데 걱정입니다

평생 할아버지만 의지하고 살아오신 할머니
아무것도 모르는 표정으로 집에 가자고 재촉하는데
그사이 굵은 눈발이 주름진 서로의 얼굴을 가로막았다

어느 한쪽이 병들어 이처럼 헤어지는 일
한때 가지마다 주렁주렁 열렸던 기쁨도
잠깐 다녀가는 눈송이 같았다

시간의 구슬들을 정성스레 꿰어 만든 걸음 앞에서
역경과 시련을 겪은 믿음의 뿌리는 단단하다

목도리도 두르지 않은 허리 구부정한 노부부
쉽지 않은 이별을 예감했다

스무하루 동안

언덕도 들녘도 아니었다

바람과 햇볕 속에서 뒹굴어야 할 돌덩어리가
그녀의 말랑한 살과 뼛속으로 들어가 터를 잡았다

처음 그녀를 마주한 날
험상궂게 일그러진 얼굴을 옆으로 돌리며
온몸에 손도 대지 못하게 했다

날이 갈수록 광대뼈 속에서 자라는 덩어리를 빼내려고 하면
점점 커지는 눈사람처럼 부풀었다

찬 달빛 속의 눈사람은 쉬이 녹아내릴 줄 모르듯
그녀는 덩어리를 껴안고 밤마다 벽을 향해 신음했다

천둥 번개가 요동치던 날
허무한 삶의 내력도 부서져 내렸다

이승의 꽃병에 꽂혀서

스무하루 동안 피워 낸 육신의 꿈일까

한 영혼의 무게를 잠시 잃어버린
겹겹의 눈물로 그려 낸 베개가 흥건하다

만년설의 빙하처럼 서서히 녹아내리던 석화
하얀 시트에 향기를 토하며 만개했다

기울이진 뺨에서 흘러내린 전생이 검붉다
병실은 이내 야래향 향기로 물들었다

흰빛

백발이 성성한 문 노인
침상에 누워 지낸 지 얼마나 되었을까

칼끝이 닿아야 벗겨지는 물고기 비늘 같은 발바닥
각질은 말라 벗겨지고 부서져서
바닷가의 서걱대는 모래가 쏟아지는 것만 같다

햇빛을 보지 못한 모래밭을 어루만져 준다
너무 많은 시간들이 물을 만나지 못했다

문 노인은 허리를 굽혀
시든 꽃잎처럼 한 잎씩 떼어내다가
벽의 달력처럼 휙 뜯어 버린다

거세당한 오욕칠정 속에서 체념이 밀고 나온 몸의 꽃
맹수의 날카로운 이빨로도 씹히지지 않는 각질

동선 없는 침대 위로 햇볕이 안부를 묻는 정오
시간의 그림자 눕다 깨다 하면서 숨을 쉰다
〈

생이 끝나는 그 순간까지
매몰차게 밀려 나오는 저 얇고 단단한 흰빛
지난 걸음을 세고 있다

알 수 없는 손

골목을 흔들고
마을을 흔들고
산을 통째로 흔들고 갔다

생명을 살리거나 죽이는
그는 신의 이름 같은 조력자

그의 거처를 알 수 없으나
나의 상처와 눈물을 읽어내고

그때마다
단호함과 부드러움으로 참는 법을 가르쳐 주었다

그의 천진함은 내가 좋아하는 무채색
초록 속에서 거할 땐 들리는 소리도 초록이었으나
호숫가에서는 눈부신 흰 빛이었다

때론 새들의 날개를 흩어지게 하다가도
다시 한곳으로 모이게 하는 그의 입김이
우주를 횡단해 나에게 왔다

〈
자로 잴 수 없는 사랑은
꽃도 벌레도 아닌 생명이었다
나를 안고 뛰는 바람이었다

오월을 지나는 바람

한 침대에
누워 있던 햇볕이 스르르 날아가더니
그 자리에 그늘이 들어앉았다

마주 보던 한 모퉁이의 사내가
말을 잃고 곡기를 끊었다

오월의 침상을 지나던 바람 한 보자기
주름진 이마에 드리운다

가지 말라고
아직은 맥을 놓을 때 아니라고
오월의 햇살이 사내의 주름진 이마에 손을 얹는다

향기를 붙잡은 빛의 말을 들은 것일까
해거름에 깊이 빠져들었던
가슴 속 겹겹 에워 쌓인 어둠이 묽어지고 있다

생기를 듬뿍 머금은 새벽이슬처럼
한 자리에서 자신의 무게를 지켜내는 일

고요만이 시간의 절명 위에 온기를 돌게 한다

때론 가시를 세워 꽃잎을 지키는 찔레처럼
휘인 가지 끝의 이파리를 키워내는 일
꼬리뼈 통증에도 소리 한번 지른 적 없다

12시를 알리는 시곗바늘이 반쯤 돌아가다
멈춘 6시 방향
깊어진 살 속을 날빛이 비추며 말을 건다

옹알이가 멈춘 새벽 3시
하루에도 몇 번씩 휘어지고 꺾어지는 목숨 앞에서
북극성이 붉어지고 있다

오후 5시와 새벽 다섯 시

새벽 다섯 시 산책을 나선다
이때 골목길에서 처음 만나는 분꽃에게 안녕, 굿모닝
졸음기 잔뜩 묻어 있는 꽃잎이 기지개를 켜며 굿모닝

쏟아지는 졸음을 눈꺼풀 아래로 미농지보다 더 얇은
빛과 맞교대할 때 마주치는 쿠팡 직원
오토바이로 신문 배달하는 여직원에게 속으로 굿모닝

바람 한 점 없는 더운 여름날
전화를 걸어 한잔하자고 약속을 하고 싶어도 뒤로 미루었을
눈뜨자마자 잠을 떨치고 바깥으로 나왔을 저 발걸음들

가냘픈 꽃잎은 어떻게 폭우가 쏟아지던 밤을 견뎌냈을까
잎이 타들어가는 날에는 또 어떻게 참아냈을까
또한 밖으로 달려 나가고 싶은 충동을 무엇으로 눌렀을까

열심히 산다는 것은

계획된 시간들을 어긋나지 않게 한다
새벽도 밤도 없이 일을 하는 게 아닌
주어진 일을 하루라도 빠짐없이 완수하는 것

낮과 밤의 하는 일이 달라도
눈 속으로 가득 밀려오는 별빛 하늘의 고요와
홀연히 향기로움으로 어둠을 밝히는 꽃들의 본분처럼
시간의 어깨에 나란히 앉아 있는 꽃빛은 내게 말을 건다

그래 수고했다
걸음을 재촉하는 새벽 발걸음들 마주칠 때
굿모닝, 굿모닝 그들에게 말을 건다

눈꺼풀 일지
- 쪽잠

새벽 두 시, 이때다
어르신들을 돌보다 보면
무거운 눈꺼풀이 바닥으로 끌리는 시간이다

문득 서울역 앞에서
맨바닥에 박스를 깔고 잠을 자는 사람들이 생각났다
나는 푹신한 가죽 의자를 놔두고
그들의 방식처럼 바닥에 박스를 대고 그 위에 얇은 깔개를 깔았다
그리곤 들짐승처럼 웅크리다 잠들거나
나뭇가지에서 외발로 서 있는 왜가리처럼 눈을 감는다

낮은 곳으로 내려갈수록
순장의 시간들이 쌓여 있다
삐걱대는 침대와 볼이 움푹 팬 기침 소리
깜빡거리는 비상구 불빛은 안타까운 소리들을 찾아간다

때론 바닥을 떠날 수 없는
침상에 매인 슬픔과 고독한 이름들이

들판을 왕래하다 잠이 들었는지
누군가의 이름을 부르며 잠꼬대를 한다

말을 잃어버린 외로운 영혼도 가끔은
연못의 수련처럼 입술을 열 때도 있다
백 년도 채우지 못하는 침상의 소리들
음 소거로 지워지기를 바라는 나는
사자수 별자리를 찾아 꿈의 경계선에 닿는다

나비 운구運柩

그는 젊은 날 육군 소위였다
전쟁 중에 한쪽 다리를 잃었다
나라는 그의 이름을 잠시 빛나게 해 주었지만
잃어버린 다리는 영영 돌아오지 않았다

수십 년 동안 목발을 의지했지만
총알이 박혔던 후유증으로
침상의 다리를 평생 떠날 수 없는 다리가 되었다

마른 가지처럼 딱딱해진 혈관조차 빛나는 기억을 거부하자
그는 말을 잃어버리고 허공을 응시하던 눈빛도 흐려졌다

침상에서 잠을 자고
생각을 하고 꿈을 꾸기도 하였으나
더 이상의 따스한 공존을 허락하지 않았다

끝내는 칭찬도 비난도 없이 이승을 떠나가는
바짝 말라버린 북어 같은 목숨 하나,

그의 향기와 노래를 기억하는 사람은
그 어디에도 없다

개미도 동료가 죽으면
아무리 먼 길이라도 동행한다는데
달려와 울어줄 눈물 대신
문밖에는 차가운 운구차가 대기하고 있다

세상이 마지막 예의를 다하기도 전에
흰나비 한 마리 베갯잇에 앉았다가
푸른 하늘로 훨훨 날아간다

나비가 가는 곳은 어디일까
기억 저편으로 까마득히 사라지고 있다

이름 하나 목에 걸고

잎이 지는 시간은 바닥과 가깝다
그동안 저장한 꽃빛은 다 어디로 갔을까

살갗이 꽃잎처럼 부드럽다는 말은 참이지만
꽃처럼 고왔던 얼굴은 거짓이 되었다

바닥으로 떨어지는 찬란한 무늬들
까치걸음으로 지나간다

나무의 생을 보려면 고개를 숙여야 하고
사람의 내일을 볼 때는 허리를 펴고 하늘을 봐야 하는데

사람의 오늘과 나무의 하루는
저무는 노을 같다

초록 그늘에 앉았다가 날아가는 날개들은
팽팽한 나무의 약속으로 자리를 넓히지만

계절을 건너온 바람은

벼랑 끝으로 기울어져 있다

한순간도 바닥의 온기를 놓친 적 없는 공중에 걸린 이야기들
거센 풍랑이 몰아칠 때마다 병실의 눈동자가 가물거린다

이팝나무 밥상

청계천로에 이팝나무꽃이 하얗게 피었다
이 도시는 배고픈 사람들이 많다

기름때 찌든 작업복을 벗지 못하는 사람들과
한겨울 지하도에서 종이박스를 깔고 새우잠 자는 사람들과
철 지난 옷을 입고 무료급식소를 떠도는 사람들을 이팝나무는 알고 있다

이팝나무는 서둘러 소매를 걷어붙이고
하얀 햅쌀을 씻어 향기로운 오월의 바람을 섞어 안친다

어릴 적 낮에는 생전 보이지 않다가도
해 질 무렵이면 쪽문으로 들어오는 사람이 있었다

어머니는 종일 아무것도 먹지 못했다는
머리가 산발인 여자의 말을 듣고
부뚜막에 올려놓은 밥 한 그릇을 콩나물국에 말아 먹여 보냈다
〈

누더기를 걸친 여자의 몸에서 나는 고린 냄새를 맡고도
어머니는 얼굴을 돌리지 않고 밥상을 차려 주었다

이팝나무도 지금 어머니의 안타까운 심정처럼
해 떨어지기 전에 서둘러 밥상을 차리는 중이다

한쪽에서는 솥뚜껑이 부르릉대며 구수한 밥물이 넘친다
밥알 탱글탱글한 햅쌀밥을 차려 주는 이팝나무,

허기진 배들이 코를 벌름대며
이팝나무 밥상으로 모여드는 소리가 왁자하다

  이팝나무가 차려 주는 하얀 이밥 생각에 쉬이 배가 고프다
  나는 24시 편의점에서 주먹밥 두 개를 먹었다

4부

숨 몰아쉬며 다가오는 착란

저무는 것마다 팽팽하다

제방길 걷는다
푸득푸득 날개를 접고 앉는 참새들
송장메뚜기 곁으로 날아들다 풀줄기를 놓쳤다

한쪽 다리가 없다
햇빛 속으로 뛰었던 다리 한쪽을 어디에 두고 왔을까
뒷다리 없이 뛰는 온몸이 누릇누릇하다

뼈마디가 우지직하고 부러질 때
여기가 끝이구나 하면서 절망했을 것이다
통증이 거듭될 때마다
하루에도 몇 번씩 목숨을 놓아 버리고 싶었을 것이다

나란히 앉아서 주고받던 이야기가 그리운 것일까
 한쪽 다리가 아프면 다른 한쪽이 있으니 힘내라고 말
해 주었던
 위로가 힘이 되었다는 걸 기억하고 있는지도 모른다

알고 지냈던 온정이 모두 떠난 지금
 아무도 마음 든든한 배경이 되지 못했다

불구의 몸이 되었다고 외면하는 날개들

그때 단단한 허공 박차고 날아오른 송장메뚜기
어스름 하늘빛을 가른다
푸수수 갈잎 속에서 슬픔이 어리어리 저물어가는 제
방길
적막의 시간은 더 팽팽해졌다

보라로 물든 숨

빛은 사내를 키웠다
그리고 그 빛을 따라 사라졌다
폭풍우에 휩쓸려온 사내
빛은 사내의 들숨과 날숨 속에서
환히 열렸다가 닫혔다

입속의 혀와 같았던 사내
며칠 전부터 밥상 앞에서 도리질을 해댔다
목수 일을 하다 공중에서 등뼈가 부러진 그는
혼자 뒤척일 수조차 없었다

젖은 나뭇잎처럼 바닥에 등을 대고
잎이 마르기를 기다렸다
그러나 매 순간 스며드는 냉랭한 한기는
온몸을 오므라들게 하였다

생각이 줄어들고 말이 없어지고
소리가 멀어졌다

그는 자신의 남루한 생을

단풍나무 가지 위에 부려놓고
밥알을 그득히 문 채 입을 봉했다

맥을 놓아 버린 그는
맥문동꽃처럼 입술이 보랏빛으로 겹겹 물들었다
말이 생략된 사망 진단서가
붉은 걸음으로 사내를 뒤따라갔다

봄의 음계

어릴 적 어서 어른이 되고 싶었다
내 키보다 높은 꽃을 보려고

바람은 향기를 등에 업고 나의 어깨를 지나
들판을 넘나들었다

키가 자란 후 꽃만을 바라보지 않았다
무엇을 본다는 것은
바람에 날리는 먼지와 입속의 솜사탕이 아닌
높이 나는 독수리의 기상과 새벽하늘의 별이었다

줄기가 연둣빛 눈을 틔우고
꽃을 피우는 것도
더 높은 곳을 보려는 꽃의 키였다

어느 날 꽃과 이파리를 갉아 먹는 벌레들을 보았다
이파리에 구멍이 나고 꽃송이들이 뭉텅 떨어지는
반고흐의 절규를 들었다

꽃피는 내일을 계산해두었기에

참을 수 있으려니 했다

어른이 되고 줄기 가운데 마디가 만져졌다
그제야 꽃 속의 가시가 보였다

요양원 병실 이름들이 한쪽 눈을 감고
차창 나무등걸에 숨어 술래잡기하는 상상의 봄
초록의 눈자위가 붉어졌다

위로가 기울어져 있다

담벼락에 소주병 하나가 쓰러져 있다

금방 사내의 입속을 적시던 초록 병
병뚜껑이 펑, 열리는 순간 사내의 숨소리도 팡 하고 뚫렸다

초록 병은 그때부터 사내의 생각을 읽어내고
객기 부리다가 한쪽 다리에 피멍이 들기도 했다

나는 미지근한 사내의 지문들을 쥐었다 놓으며
그가 남기고 간 원망의 하늘과 장대비 같은 눈물을 멍하니 바라보았다

그리곤 아무도 모르게
사내가 키우던 나무 한 그루의 슬픔을 꺼내 이식했다

그늘이 자랄 때마다 초록이 무성해지는 빈 소주병
편의점에서 은밀하게 단돈 100원과 맞바꾸고 나왔다

사내의 푸념과 다짐과 각오가 섞인 눈물을 팔아 버린

오후,
  한낮의 꿈이라면 너무 짧았다

길 위의 생각들이 공중의 새들처럼 날갯짓할 때
풀죽은 사내의 울분이 울컥,

모든 지문을 지우고 다시 태어날 빈 초록 병
누군가에게는 위로가 되고 밥이 되었다

침략자들

낯선 출몰이다
침략이다

아침인지 저녁인지
앞집 창문이 닫혔는지 열렸는지 분간할 수 없다

산과 바다의 경계를 무너뜨리는
익명의 존재들,

태양이 빛을 잃어가고
도시의 불빛이 스러진다

아름다운 풍경을 보아도 눈이 멀어 있고
감미로운 소리가 들려도 귀는 자물쇠를 채운 듯 닫혀 있다

곤충들도 이 나무에서 저 나뭇가지로 옮겨 다니며
구멍이나 땅속으로 몸을 숨겼다

한때 바다와 산맥을 넘나들던

새떼들이 허공에서 떨어져 죽었다는 이야기도 있다

그들 스스로는 아무것도 아닌 듯하지만
가장 작지만 센 무기를 언제나 품고 다닌다

침략은 천천히 급박하게
높은 곳에서부터 낮은 바닥까지 가리지 않는다

미끄러지듯 다시 일어서는 교란과
숨 몰아쉬며 다가오는 착란

꼬리에 꼬리를 문 우로보로스다

통곡의 미루나무

서대문 형무소 안
미루나무에 앉은 새들이 눈시울을 붉게 적시고 있다

열사들의 손톱을 다 뽑아내는 순간에도
나무는 대한 독립의 소리를 들으며 줄기를 뻗어 올렸다

하루에도 몇 번씩 바닥으로 스며드는 피오줌 냄새로
구십육 년 동안의 뿌리를 내리고 있는 저 미루나무

한을 먹고 자란
나무의 숨결은 들쑥날쑥하다

그 속은 아마도
고통으로 물이 들어 빨갛거나

속이 시커멓게 다 타들어가
둥근 나이테는 흔적도 없이 지워졌을 것이다

사형장으로 가는 길에
이루지 못한 원통한 울부짖음까지도

다 보고 들었던 저 바람 속 미루나무

낮의 태양도 밤의 달빛도
그쪽의 하늘에 닿기만 하면 빛을 잃는다

숭고한 영혼들을 위로하기 위해
죽고 싶어도 죽을 수 없는 의지의 미루나무

미루나무는 그 모진 시간의 혼령들을 앞세우고
후대에 전해 줄 역사의 말,
가지의 잎새마다 노랗게 새겨놓고 있다

7일 동안
– 이맹희

수십 년 재봉틀을 끼고 살았다
노을이 스며든 어깻죽지와 재봉틀을 밟고 살아온
무릎의 관절이 낡은 부속품처럼 휘어졌다

주문 날짜를 지키기 위해
밤늦게까지 원단을 손에서 놓지 못했던 그녀
닳아진 뼈마디가 간신히 받쳐주었다

비바람이 심하게 불던 날
마감 날을 코앞에 두고 정신을 잃었다
잘 풀려나가던 실이 탁 멈췄다
꼿꼿하던 등은 그대로 맨바닥이 되고
노랗던 하늘이 까무룩 하다

산소호흡기의 물방울이 그녀의 발자취를 찾으러 다녔다
배 속에 드리워진 암전,
가느다란 심장만이 겨우 목숨을 붙잡고 있었다

중환자실에서 지낸 7일
갈비뼈 속에서 명멸하는 희망 하나 꺼내들었다

내일을 믿는 자만이 소명되는 것일까

새벽종 울릴 때
비로소 타인의 피를 받고서야 숨이 돌았다
담쟁이덩굴처럼 뒤틀린 등뼈가 뜨거워졌다

수많은 부호를 싣고 떠다니는
웅크린 새벽 속에서
솜털구름이 입맞춤으로 다시 태어난 그녀
신의 복제품이다

휘파람새

동백처럼 모가지를 뚝 떨어뜨린 새를 보았다
주둥이 안에 붉은 피가 고여 있었다

새의 몸이 싸늘했다
깃털 사이로 어깨뼈가 드러나고
울음을 물고 주둥이가 닫혀 있었다

동백이 필 무렵,
새벽녘까지 휘파람새가 울었다
주린 배를 움켜잡고 앞산에서 울다 지치면
뒷산으로 날아가
끊어질 듯 끊어질 듯 다시 소리를 비틀며 울던 휘파람새

명치끝을 콕콕 찌르던 휘파람새
밤새 창호지를 적시던 붉은 울음소리는
어릴 적 목까지 끓어오른 어머니 울음소리 같았다

삼키지도 뱉지도 못한 소리를
볼 안에 가득 채우고 날아와

내게 무슨 말을 하려던 것일까

푸석거리는 설움이 시계 방향으로 한 구절씩 돋아날 때
애끊는 어머니의 기도 소리를 물고 날아왔다

황소개구리의 애가

은하수 2호실에서
끊어졌다 이어지는 꽈리 소리가 들려온다

낮 동안 잘려 나간 제 몸의 곡조를
사부작사부작 밟아가는 저 집요한 고집

오래전 먼저 죽은 사람의 진혼일까
갈색 눈동자가 밤마다 젖는다

꽈륵꽈륵 울 때마다 끈적대는 점액질이 이불에 묻어 있다
신경이 마비된 황소개구리 한 발짝도 뛸 수 없다

종일 입속에서 공처럼 부풀려 내는 소리가 전부이다
잇몸과 입천장이 다 헐었다

꽈리는 자신의 속살을 다 드러내야 소리를 낼 수 있다
치부를 가린 스크린 뒤에서 꽈륵꽈륵
그가 찾고 있는 냄새와 체온까지도
발갛게 익어가는 울음주머니에 다 들어있다

〈
황소개구리의 몸은 물기를 잃어간다
누군가를 기다려 본 적 있는 사람은 알고 있다

꽈리처럼 속을 비워내고 또 비워내야
구름 속으로 날아간 소리가 돌아온다는 것을
달그림자 등에 업고 달려오는 암컷의 숨소리

곧 뮤 앞에 당도하겠다
접혔다가 다시 펴지는 꽈리 소리처럼 이를 간다
황소개구리의 귀가 점점 길어진다

하루치의 그늘

새벽길 걷는다
가로등에 몸을 넓힌 벚나무 품이 넓어졌다

측량할 수 없는
생각의 무게들을 달빛처럼 사뿐히 내려놓는 나무의 새벽

허공 속에 가려진 잎의 그림자
아직 다가오지 않은 발밑 그림자를 눈여겨보며
한 뼘씩 그늘을 짓고 있다

소음과 공해 속에서도
작년 봄 향기로운 기억들을 가지마다 쏟아내며

뿌리는 내 몸의 의상처럼 치수를 재고
생의 꽃무늬를 재단하고 있다

오늘은 어둠 속으로 침잠해 들어가는
나의 뻣뻣한 두 다리를 자신의 그늘 속으로 들여 쉬게 한다

〈
그 아래서 나방의 여린 날개가 태어나고
뿔 달린 하늘소가 새벽 그림자를 따라나서기도 했다

벚나무 아래 물길의 긴 꼬리 반짝임도
수초 사이에서 몸을 뒤척이며 뒤돌아본다

나무가 고요할 때는
세상의 어깨를 품는 시간이다

그가 머문 곳이 아직 따뜻하다

살구 꽃망울 터지던 봄이
구급차에 행려병자를 태우고 왔다

초점 잃은 희멀건 눈빛과
덥수룩한 머리와 냄새나는 남루한 옷차림까지
성한 곳이 하나도 없다

얼마나 굶었을까
살갗이 다 터진 사내의 손과 발이
따스한 밥상을 받자 허겁지겁 먹는다

며칠이 지났다
꽃향기를 문틈으로 밀어 넣더니
낮 동안 느슨해지던 사내의 발걸음을
저녁이면 몇 번씩 창밖으로 불러냈다

눈동자에 모였다 흩어지는
바람과 햇볕 같은 불안과 고요
사내가 밟았던 발자취는 그 어디에도 보이지 않는다
〈

한때 꽃잎 같은 기억 속 사내의 발자국과
냉정하게 잘려 나간 생을 이어주고 싶었던 것일까

풍선처럼 펑 터지고 마는 한순간일지라도
사내의 머리 꼭대기부터 발끝까지
팽창하는 초록을 입혀 주고 싶었는지 모른다

자유가 거세된
밀어내고 끌어당기는 봄의 완력
높이 날아오르던 매 발톱이 사내의 발목을 낚아채려
한다

모자가 툭, 떨어진다
가둘 수 없는 봄이 또 사내를 묶어 두었다

푸른 숲을 이동하는 꿈

구름이 쉬어가고
새들의 둥지가 되었던 그는
목공의 손에 의해 장롱으로 태어났다

사람의 숲으로 달려 온 순간부터
지친 하루를 공손하게 받아들였으나
아무 말도 걸지 않았다

저녁 늦게 달빛을 밟으며 돌아온
축 처진 어깨들은 시름에 가득 찬 얼굴이다
종일 입고 다닌 옷을 여기저기 걸쳐 놓거나
컴퓨터와 연속극에서 눈을 떼지 못했다

그는 그때마다
구겨진 어깨와 가슴 등판 속으로 들어가
쾌쾌하고 눅눅한 땀 냄새를 맡으며
낮의 근심을 말끔하게 펴 주려고 애썼다

쪽지에 적힌 깨알 같은 문서들을 읽으면
서로 다른 별빛을 찾아내는 일이 얼마나 힘든지도 알

왔다

  아름다운 자작나무의 전설을 들려주며
  상심의 무게를 덜어 주고 싶었으나
  성질 날카로운 여자의 하루가
  문이 열리고 닫힐 때마다 쾅, 쾅
  니코틴에 찌든 사내가 쾅, 쾅

  그들은 더 깊은 수렁으로 빠져들어갔다
  한때, 그늘에서 쉬어가던 사내와 여자
  자꾸만 숲에서 멀어져 갔다

무릎걸음으로 맞는 유월

일흔넷, 뭉툭한 무릎만 남았다
요양병원에 여러 해 누워 지내는 어르신
두 다리가 나란하게 있어야 할 곳에
바람의 뼈가 들어가 누웠다

잠잘 때도 모자를 쓰고
둥근 무릎에 씨앗처럼 총알이 박혔다고
발가락 없는 무릎에 긴 양말을 씌운다

오늘 어르신은 두 아들과 휠체어를 타고
결핵약과 통증약을 타 왔다
빗발치는 총탄 사이로 몸을 던진 그날 이후
잘려 나간 양쪽 다리는 솜바지를 입어도 헐렁하다

밤이면 총알 속을 뛰었던 이름들 찾으러 달려 나간다
사이렌 소리만 들어도 헛손질하고
엉덩이로 밀고 내려오다
한밤중에 침대에서 떨어지기도 했다

이제야 그 눈빛의 붉음을 알겠다

총탄이 들어앉은 무릎에
해마다 향기 없는 붉은 꽃이 피고 진다는 걸
수많은 계절이 침상 위로 다녀갔다

장미꽃 만발한 유월
가슴에 묻은 이름들 하나둘 떠올리며
끊어질 듯 다시 이어지는 여린 꽃잎의 숨결

밤마다 무릎 사이로 신음 소리만 깊이 간다
온몸의 피로 지킨 조국
파란 하늘에 태극기가 펄럭인다

너의 이름은 향기로운 꽃이 되고

칠판에서 뼛가루 같은 백묵가루가 어깨에 떨어졌다

온몸에 통증이 만발한 두 사람의 이름을 지웠다 삼월의 황매화로 피었던 정끝심이연손김막녀 이름들, 나는 아직도 때맞춰 물을 갈아 주면 향기를 내고 제 색깔의 꽃을 피울 거라 믿었는데 물컹하던 줄기는 꽃잎을 더 이상 기다려 주지 않았다

앰뷸런스에 실려 온 찢어진 이파리들, 마지막 예의를 갖출 틈조차 허락하지 않는다 곡할 자식도 없이 눈을 감는 붉은 눈동자 눈물이 울컥 솟는다 시원한 그늘 밑에 쉬어가라던 할머니도 밤새 끙끙 앓는 젊은 여자의 신음 소리도 날이 새기도 전에 지우개 하나로 수장되었다

식물도감에도 없는 새로운 꽃들의 이름을 칠판에 꽂는다 내게 밥이 되고 향기로운 이름이 되는 체온들, 오월의 나무들처럼 칠판이 푸르게 흔들린다

※해 설

당신 집에는 아픈 사람이 많군요
―시屍의 집에서 시詩의 집으로

여성민(시인)

지나는 길이었어요. 미안해요. 새 우는 소리에 당신 집을 들여다보게 되었죠. "클락클락" 우는 그 새는 모르는 새인데 아는 새 같고 처음 보는 새인데 내 집에서도 기르는 새 같았죠. 이상했죠. 처음 듣는 새소리가 평생 들은 새소리 같다는 것.

슬펐죠,

그래서 들여다봤어요. 당신이 사는 집의 창문을. 당신 집에는 침대가 많고 흰 것들이 많고 새 우는 소리가 많고 아픈 사람이 많군요. 아픈 사람들은 모두 말을 잃었군요. 그래서 새소리 많은 집이 되었을까요? 당신 집에서 "새벽 두 시, 클락클락"(「클락새」) 울어대는 그 새소리는 "팽팽" 한데 "요동치"는 소리였어요. 나는 발돋움을 했고 당신 집 창가에서 떠나지 못했죠. 왜 저 새는 "클락클락" 울까 생각하면서.

시간時間의 새일까요?

시간屍間의 새일까요? 죽음을 팽팽하게 당기는, 죽음과 죽음 사이에 요동하며 우는.

시屍의 집에서 시詩의 집으로

시간이란 과거와 현재와 미래가 연속되는 흐름이잖아요. 당신 집의 시간은 흘러가지 않아요. 무한히 현재만 계속되는 집이었죠. 무한한 현재는 또한 무한한 과거이고 무한한 미래였어요. 현재에 과거와 미래가 중첩되어 있다든지 시간은 과거로부터 미래로 흐르는 것이 아니라든지 하는 양자물리학의 시간 개념을 말하고 있지 않아요. 죽음에 대해 말하고 있죠. 실존에 대해 말하고 있죠. 사르트르인 양 말하자면,

시간의 본질에 앞서는 시간의 실존.

그러니까 죽음 앞에 선 한 개인의 시간은 모든 우주적 시간의 본질에 앞선다고 말하면 테제These가 너무 무거울까요.

여기 죽음을 앞둔 사람이 있어요. 당신의 집, 하얀 침대에 누워 죽음의 시간을 보고 있죠. 그가 보는 시간은 흘

러가는 시간일까요. 우리가 죽음 직전의 실존으로서 이해하는 시간은 어떤 시간일까요. 그 시간은 강물처럼 흐른다든지 바닷물처럼 밀려가고 밀려오는 시간이 아니라 코르크 마개가 닫힌 유리병 속 가득한 물 같은 것 아닐까요. 그러니까 '나=죽음에 직면한 자'는 시간 속에서 흐르는 존재가 아니라 '시간과 함께 떠 있는 존재' 아닐까요. 양수 속 태아처럼.

그래서 당신은 "팽팽"하다고 말했을까요?

> 그때부터 말이 아닌
> 창공이 팽팽해지는 소리를 만들어 냈다
> 소리의 끝자락에서 요동치고 있는 것들은 무엇일까
>
> ―「클락새」 부분

흘러가는 것은 팽팽하지 않으니까요. 팽팽한 것은 흘러갈 수 없고 흘러가는 것은 파동이니까요. 파동만이 요동할 수 있죠. "팽팽"한데 "요동치"는 일은 물리학적인 일이 아니에요. 만일 그렇다면 정말 당신 집에서 "클락클락" 우는 새는 '시간時間'의 새가 아니라 '시간屍間'의 새인지도 모르겠군요. 시간이 팽팽하게 당겨진. 그 시간에 떠서 존재가(시간이 아니라) 요동치는. 양수 속의 태아처럼 말입니다.

그래서 당신 집 새들의 울음소리는 그런가요? 어떤 새

는 "클락클락" 울고 어떤 새는 "떡국 떡떡국 떡국" 울더군요. 언어도 시간 속에서 일어나는 사건입니다. 시간의 흐름에 따라 자음과 모음이 결합하며 말/언어가 되죠. 시간이 흘러가지 않으면 자음은 자음대로 모음은 모음대로 떠 있게 되죠. 아직 의미를 만나지 못한, 혹은 의미를 버린 "떡떡국 떡국"처럼. 소쩍새 우는 소리로 병실을 떠다니지만 소쩍새 없이 봄의 기약도 없이 그저 침상에 누운 자의 "흰 이마"(「식지 않는 이름」) 위에 떠 있는 "기역. 니은. 디귿. 리을…"(「눈글씨」) 같은 것이죠.

(ㄱ) 흰 이마입니까 흰 꽃입니다

그리하여 나는 비로소 우는 새 많은 당신 집에서 또 다른 것을 봅니다. 당신 집에는 침대가 많고 아픈 사람이 많군요. 루게릭병을 앓고 있는 사람도 있고 치매를 앓는 사람도 있고 요양보호사의 손길이 필요한 사람도 있어요. "죽음의 냄새를 맡아본 사람"들(「눈사람」). 그들은 모두 "하얀 시트에 덮여" 있고(「180분」) "흰 이마"를(「눈사람」) 갖고 있습니다. "혀는 여전히 붉"고(「식지 않는 이름」) 붉은 것은 혀뿐이어서 흰 이마, 흰나비, 흰빛, 흰 관절뿐인 집에서 엎드린 당신을 봤어요. 사람들의 흰 이마를 내려다보며 당신이 엎드리고 있었어요. 미안해요. 그 모습을 나는 창밖에서 훔쳐보았죠. 눈을 뗄 수 없었죠. 당신은 마치 침상에 누운 사람들의 흰 이마를 "시든 꽃잎처럼 한 잎씩 떼어내다가/벽의 달력처럼 휙 뜯어" 버리기도 했어요(「흰빛」). 마치 꽃을 따는 사람처럼. 침상에 누운 사람들이 "이승의 꽃병에 꽂혀서"(「스무하루 동안」) 아직 꿈꾸고 있는 사람들의 꿈을 대신 따듯이. "침상에 늘어진 그늘이 되어"(「노블케어스에 걸린 초상화」) 지상의 마지막 꽃잎인 양 "침상의 흰 이마들"을 토옥 토옥 따고 있는 당신을 보며 나는 당신의 집이 '시屍의 집'이 아니라 '시詩의 집'인 것을 알았죠. 그리하여

시인은 '시屍의 집에서 시詩의 집으로' 건너가는 사람이군요.
그리하여 당신은 시인이군요.
죽은/죽어가는 자들의 흰 이마를 꽃으로 따 산 자의 이마에 옮겨 심는 사람이군요.

흰 이마를 원고지로 삼는 사람. 그 원고지에 한 칸 한 칸 "기역. 니은. 디귿. 리을"을 적는 사람, 자음과 자음 사이에 모음이 흘러들어오기를 기다리는 사람이군요. 붉은 것은 혀뿐인 사람들, 말을 잃어버린 사람의 자음이 모음을 만나 요동하며 나비로 날아가기를 기다리나요?

> 흰나비 한 마리 베갯잇에 앉았다가
> 푸른 하늘로 훨훨 날아간다
>
> —「나비 운구」부분

　당신은 그렇게 '시屍의 집에서' 흰 것들을 모으고 있어요. "흰 이마" "흰나비" "흰 꽃" "흰빛" "흰 관절" "눈꽃" "백묵" 같은 것들. 마치 믹 잭슨의 소설 『뼈 모으는 소녀』에서 주인공 소녀가 뼈를 모으며 다니는 일상처럼 당신은 흰 것들을 모았어요. 나는 당신이 모은 흰 것들을 보며 환자의 상처에 대는 '거즈'를 떠올렸어요. 당신이 모으는 흰 것들이, 당신의 펜 끝에서 원고지에 옮겨지는 하얀 단어들이 당신의 손에 들린 거즈 같았거든요. 아마도 당신은 사람들의 환부에 거즈를 대는 마음으로 그 낱말들을 모으는 중이라고. 아마도 당신은 '시를 쓰는 사람'이 아니라 아픈 사람에게 거즈처럼 '시를 붙이는 사람'일 것이라고. 실제로 당신은 시 속에서 거즈를 언급하기도 했죠.

> 그녀가 쯥쯥대며 거즈의 물기를 빨아먹을 때
> 하루에 한 눈금씩 그녀의 몸에서 바닷물이 새고 있다
>
> 파도의 깊이는 잴 수 없어도
> 그녀의 입을 적신 거즈를 보면

생의 파도가 어디쯤 밀려오는지 알 수 있다

- 「너울너울 건너는 바다」 부분

환부에 대는 거즈, 혹은 기력이 없는 환자가 입으로 물기를 빨아먹는 거즈를 보며 당신은 왜 바다를 떠올렸나요? "팽팽"한 것과(거즈) "요동"치는 것(바다) 사이에서 하얀 막처럼 존재하는 '시屍의 집'을 떠올렸나요? 그 집에서 하얀 것들을 모아 '시詩의 집'으로 가져가나요? 뼈 모으는 소녀처럼. 그것들을 모아 꺾꽂이를 하고 있군요. 흰 것을 모으고, 흰 이마를 따고, 달력처럼 휙 뜯어내고, 그것이 나비로 날아가고, 흰 나비가 다시 누군가의 이마에 내려앉는 모습을 보느라 칭을 떠나지 못했는데, 그것이 시 같고 "잠언" 같아서(「쇠비름」), 당신이 꽂은 흰 낱말들을 내가 따고 있었어요. 당신의 단어가 내게도 박혀 깜짝 놀랐죠. 손으로 만져보았죠.

(ㄴ) 흰 꽃입니까 뼈에 박힌 씨앗입니다 총알입니다

내게도 날아와 박히는 이 단어가 무엇인가요. 총알인가요. 그러나 당신은 씨앗이라고 말해요.

두 다리가 나란하게 있어야 할 곳에

바람의 뼈가 들어가 누웠다

잠잘 때도 모자를 쓰고
둥근 무릎에 씨앗처럼 총알이 박혔다고
발가락 없는 무릎에 긴 양말을 씌운다

오늘 어르신은 두 아들과 휠체어를 타고
결핵약과 통증약을 타 왔다
빗발치는 총탄 사이로 몸을 던진 그날 이후

(중략)

총탄이 들어앉은 무릎에
해마다 향기 없는 붉은 꽃이 피고 진다는 걸
  ─「무릎걸음으로 맞은 유월」 부분

  당신은 여전히 '흰' 것에 집착해요. 뼈는 하얗죠. 그런데 여기 흰 뼈에 총알이 박힌 사람이 있어요. 오래도록 무릎에 총알 하나 박고 사는 사람이죠. "둥근 무릎에 씨앗처럼 총알이 박혔다고" 당신이 말해서, 그리고 "총탄이 들어앉은 무릎에/해마다 향기 없는 붉은 꽃이 피고 진다"고 말해서 나는 보게 돼요. 흰 뼈에 박힌 씨앗과 그 씨앗이 피워낸 붉은 꽃을.

앞서 시인이란 '죽어가는 자들의 이마를 꽃으로 따 산자의 이마에 옮겨 심는 사람'이라고 말했어요. 그래서 당신이 '흰 것을 모으는 사람'이라고 했어요. 이제 나는 당신에 대해 다른 말을 해야 할 것 같아요. 당신은 단지 흰 것을 모으는 사람이 아니라 뼈에 박힌 총알을 "씨앗"이라고 말하는 사람이군요. 그것은 분명히 총알인데도,

씨앗이라고 말하는 사람.

그래서 시인이군요. 창밖에 서서 나는 그런 당신이 조금 무서워졌어요. 당신이 총알을 박은 사람처럼 느껴졌거든요. 총알을 씨앗으로 보는 사람이라면 씨앗을 총알처럼 볼 수도 있을 테니까요. 시인이 사람의 마음에 어떤 낱말들을 씨앗처럼 심는 사람이라면 당신은 총알을 박는 사람일 것이라고 생각했고, 그러자 당신이 조금 무서웠고, 내게는 시인이/당신이 죽어가는 사람의 머리맡에 꽃을 꽂아주는 사람도 되고 살아 있는 사람의 뼈에 총알/씨앗을 박는 사람도 되었어요.

아프지 않은 사람은 더 아프게 하는 사람이 시인입니다.

창밖의 나에게 말하고 있었어요. 사실 그렇죠. 시인은 어떤 단어를, 문장을, 은유를 사용하여 아프지 않은 사람

을 아프게 하고 슬프지 않은 사람을 슬프게 하고 쓸쓸하게 하죠.

그러나 씨앗 속엔 시간이 들어있고 그 시간이 부드럽게 요동해 꽃을 피웁니다.

당신은 이제 단단한 뼈와 부드러운 꽃(씨앗)을 연결하고 싶어 해요. 당신이 모은 흰 것들에서 무언가 다른 것, 다른 색, 다른 시간을 피워내고 싶어 해요. 창문을 닫듯 페이지가 넘어가요. 뼈와 꽃을 연결한 다른 시 하나를 내가 또 읽으며 봐요.

당신 집에 있는 또 다른 집.

당신 집에는 집이 많군요.

시屍의 집. 시詩의 집. 시時의 집.

'시屍의 집에서 시詩의 집으로' 건너간 당신이 이제 '시詩의 집에서 시時의 집으로' 건너가는군요. 죽음을 앞둔 자들의 팽팽한 시간, 즉 시간과 함께 떠 있는 상태에서 다른 시간의 상태로 건너가고 있어요. 부드럽게 출렁이는 '시간 속으로.'

남해 바닷가에서 만난 여자
동글동글한 돌멩이만 보면 그림을 그린다

〈

젖은 돌멩이를 옷에 쓱쓱 닦은 후
꽃 그림을 그려 철썩이는 파도에게 던진다

달빛이 차고 기우는 밤에도
계절이 다 지나간 꽃송이가 만발한 바다

얼마나 많은 돌에 그림을 그렸는지
이틀 만에 12가지의 크레파스가 다 닳았다

꽃잎과 이파리는 떨어질 수 없는 사이
그녀의 꽃 그림은 익사한 남자의 이름에 향기를 피우
는 일

다하지 못한 숨결을 불어 넣는 일
이십 년이 지났는데도 여전하다

바닷속의 꽃이 되어
그의 뼈에 닿고 싶어 하는 여자

비릿한 바다가 온통 꽃밭이다
한 마리 바닷새가 저물도록 여자의 손끝을 놓지 않

는다

도미 한 마리도

꽃송이 하나를 물고 헤엄쳐 들어간다

- 「꽃피는 돌」 전문

시詩의 집에서 시時 집으로

시간 속의 존재라는 말은 살아 있는 존재들에게 부여하는 말이에요. 필연적으로 시詩의 집은 시時의 집으로 가게 되죠. 당신의 집을 훔쳐보며 그런 조짐들을 느꼈죠. 흰 것이 가득한 당신의 집에서 심심찮게 붉은 것을 발견했을 때 (「식지 않는 이름」, 「꽃피는 돌」, 「너울너울 건너는 바다」, 「목어」, 「무릎걸음으로 맞는 유월」 등) 당신의 시들이 '시간 속으로' 들어가고 있구나 생각했죠. 시는 결국 살아있는 자들의 기록이니까요. 기어이 나는 당신 집에서 커다란 칠판을 발견해요. 칠판엔 이름들이 가득하고 당신의 손엔 백묵이 쥐어져 있어요.

칠판에서 뼛가루 같은 백묵가루가 어깨에 떨어졌다

〈

온몸에 통증이 만발한 두 사람의 이름을 지웠다 삼월의 황매화로 피었던 정끝심이연손김막녀 이름들, 나는 아직도 때맞춰 물을 갈아 주면 향기를 내고 제 색깔의 꽃을 피울 거라 믿었는데 물컹하던 줄기는 꽃잎을 더 이상 기다려 주지 않았다

　앰뷸런스에 실려 온 찢어진 이파리들, 마지막 예의를 갖출 틈조차 허락하지 않는다 곡할 자식도 없이 눈을 감는 붉은 눈동자 눈물이 울컥 솟는다 시원한 그늘 밑에 쉬어가라던 할머니도 밤새 끙끙 앓는 젊은 여자의 신음 소리도 날이 새기도 전에 지우개 하나로 수장되었다

　식물도감에도 없는 새로운 꽃들의 이름을 칠판에 꽂는다 내게 밥이 되고 향기로운 이름이 되는 체온들, 오월의 나무들처럼 칠판이 푸르게 흔들린다
　　　　　　　－「너의 이름은 향기로운 꽃이 되고」 전문

(ㄷ) 총알입니까 백묵입니다

　칠판 앞에 서 있는 당신의 어깨로 백묵가루가 떨어져요. 무릎뼈에 박힌 총알을 씨앗이라 말했던 시인, 당신은 이제 "**뼛**가루 같은 백묵가루"라고 말하는군요. "식물도감에도

없는 새로운 꽃들의 이름을 칠판에 꽂"고 있군요. '적지' 않고 '꽂'아요. 마치 죽어가는 자들의 머리맡 화병에 흰 꽃들을 꽂던 일처럼. 그 꽃은 "앰뷸런스에 실려 온 찢어진 이파리들"의 꽃.

나는 당신이 한 상이용사의 무릎에서 총알을 뽑아내는 모습을 상상해요. "뼛가루 같은 백묵가루"라고 말할 때 내가 다른 무엇을 상상할 수 있겠어요. 상이용사의 무릎뼈에서 총알을 꺼낸 당신이 그 총알을 백묵처럼 손에 쥐고, 또는 백묵을 총알처럼 쥐고 칠판 앞에 서 있군요. 아직 살아있는 자들의 이름을 칠판에 적는군요. 총알이 씨앗이 되어 "붉은 꽃"(「무릎걸음으로 맞는 유월」)을 피운 것처럼 이제 그 총알에서는 뼛가루 대신 꽃가루가 날릴 테죠. 백묵 끝에서 다른 꽃들, 살아있는 꽃들이 자음과 모음처럼 피어나죠.

자음 모음 찾아 꽃으로 만든다

향기로운 꽃가루 묻혀 병실을 떠다니는 낱말들
— 「눈글씨」 부분

손에 백묵가루를 묻힌 당신이 칠판에 이름을 적을 때 그 이름은 꽃가루가 되어 날리고. 꽃가루는 공기의 파동으로 날아가죠. 칠판이 "푸르게" 흔들리겠죠. 요동치겠죠. "팽팽"한 칠판이 "요동"할 때 당신이 칠판에 적은 이름들은 꽃이 되고요. 꽃은 시간의 존재입니다. 그러므로 당신이 칠판에 적은 것은 산 자에 대한 기록이고요. 그러니까요,

시는 칠판 같은 것이라고.
시인은 뼛가루 날리는 백묵을 총알처럼 쥔 사람이라고.

당신이 하는 말을 당신 집 창밖에서 듣고 있었어요. 당신 집 창문이 칠판인 양 나도 이름을 적고 싶었지만 그러지 못하고 그저 당신이 칠판에 적은 이름, 그 이름은 찢어진 이파리들의 이름인데, 찢어진 이름들을 외웠죠. 시간 속의 개인들에 대한 기록이었죠.

(ㄹ) 백묵입니까 눈사람입니다 다시 흰빛입니다

그런데 당신이 아무리 칠판 앞에서 백묵을 움켜쥐고 살아있는 자들의 이름을 적으려 해도 칠판에 이름이 써지지 않았어요. 이상했어요. 나는 두 눈을 부릅뜨고 당신이 하는 일을 지켜보았죠. 실망감과 두려움 속에서. 당신은 계속 적어 내려갔지만 적을 수 없었어요. 당신이 손에 쥔 백묵이 당신 손에서 녹고 있었어요. 눈처럼, 눈사람처럼, 그

래요. 당신이 총알인 줄 알고 손에 쥔 백묵은 어느새 눈사람으로 녹고 있었어요.

>박사 학위를 받은 사람이
>3년째 눈사람처럼 누워 있다
>먼 하늘에 고정된 눈동자는 미동도 없다
>
>햇빛이 눈사람의 부피를 잴 때
>나는 침상의 무게를 재고 있다
>
>아귀의 입속으로 꿀꺽 삼켜지거나
>어둠에 눌려
>잘근잘근 잘려 나가는 시간의 고통을 기록하고 있다
>
>나이가 더 이상 필요 없는
>침상의 흰 이마들
>
>무뎌진 두려움보다 녹아내리는 기억이 서러워
>― 「눈사람」 부분

그런데도 당신은 쓰는 일을 포기하지 않았어요. 손에서 녹는 백묵을 쥐고는 적으면 사라지는 이름을 계속 적었어요. 마치 영원히 그 일을 하겠다는 듯이요. 나는 조금 실망하고 있었는데 당신은 실망하지 않았어요. 애초에 적을 수 없는 것을 적는 사람이라는 듯, 기록할 수 없는 일을 영원히 기록하기 위해 칠판 앞에 서 있는 사람인 듯 칠판 앞에 서 있는 일을 포기하지 않았어요. 당신이 적는 이름들이 투명한 흰빛으로 날아가고 있었는데도.

흰 침상에 흰 이마에 흰 원고지에 흰빛으로 쓰는 것.

그것이 시인가요?

그 흰빛을 영원히 기록하는 사람이 시인인가요?

묻고 싶었지만 창밖으로 밤이 오고 있었죠. 집 안도 어두워졌는데 당신은 그 일을 계속했죠. 나는 알았어요. 당신이 포기하시 않으리라는 걸. 흰빛이 집안에 가득해질 때까지 그 일이 계속되리라는 걸. 누군가 해야 하는 일이라는 걸. 알았어요. 알 수 없는 슬픔 속에서 창가를 떠날 때까지 당신은 칠판에 쓰고. 그 이름과 그 이름의 기록은 흰빛으로 날아가고.

> 시든 꽃잎처럼 한 잎씩 떼어내다가
> 벽의 달력처럼 획 뜯어 버린다

> (중략)

생이 끝나는 그 순간까지

매몰차게 밀려 나오는 저 얇고 단단한 흰빛

―「흰빛」 부분

  시屍의 집이었다가 시詩의 집이 되고 다시 시時의 집이 되어가는 집에서 멀어지며 나는 당신 집에서 환하게 쏟아져 나오는 흰빛들을 봤어요. "생이 끝나는 그 순간까지/매몰차게 밀려 나오는 저 얇고 단단한 흰빛" 시간이 계속되는 한 멈추지 않을 거라고 확신하면서 나는 모퉁이를 돌아 내 집으로 왔죠. 그리고 창문이 칠판인 양 내 집 창문 앞에 섭니다. 팽팽한 창문이 요동칩니다. 바닷물인 것처럼. 그래서였군요. 당신이 아픈 자들의 방에 바다를 끌어들인 이유. 아픈 자들의 주위에 바다를 두르는 이유. 당신 집에는 흰 것이 많고 아픈 사람이 많고 바다가 많았어요. 당신의 양수였군요. 시간 속으로 끌고 나오려는. 코르크 마개로 닫은 유리병 속의 물처럼 팽팽한데 요동치는 양수의 세계. 마치 태아를 이끌어 나오듯 당신이 양수의 세계에서 바다의 세계로 나가고 있군요. 아픈 사람들의 이름을 끌고 그곳으로 가고 있어요. 처음 '시屍의 집에서 시詩의 집'으로 갔던 일처럼 이제 '시詩의 집에서 시時의 집'으로 건너가고 있어요. 시간 속으로 가고 있어요. 시간이 물결로 요동치는. 시간의 존재는 "설움이 시계 방향으로 한 구절씩"

돋아나지만(「휘파람새」 그 구절을 하나씩 받아 적는 사람이 시인이니까요. 그것이 시니까요. 흰빛으로 날아가도! 칠판 앞에서 백묵을 놓지 않는 일.

상상인 시인선 **056**

윤옥란 시집
어떤 날은
말이
떠났다

지은이 윤옥란
초판인쇄 2024년 7월 20일 **초판발행** 2024년 7월 25일
펴낸곳 도서출판 상상인 **편집주간** 황정산 **펴낸이** 진혜진
표지디자인 최혜원 **기획·마케팅** 전은빈 최유림 노혜림 정현수
책임교정 종이시계 **편집** 세종PNP
등록번호 제572-96-00959호 **등록일자** 2019년 6월 25일
주소 06621 서울시 서초구 서초대로74길 29, 904호
전화번호 02-747-1367, 010-7371-1871
팩스 02-747-1877 **전자우편** ssaangin@hanmail.net

ISBN 979-11-93093-55-9 (03810)

값 12,000원

- 이 책은 전부 또는 일부 내용을 재사용하려면 반드시 저작권자와 도서출판 상상인의 동의를 받아야 합니다
- 이 도서의 국립중앙도서관 출판시도서목록(CIP)은 서지정보유통지원시스템 홈페이지(http://seoji.nl.go.kr)와 국가자료공동목록시스템(http://www.nl.go.kr/kolisnet)에서 이용하실 수 있습니다.